Imperfecta

Alejandra Ramos Gómez

davina@alegriamagazine.com

Library of Congress Control Number: 2021903925

ISBN: 978-1-7361496-2-1
Published by Alegria Publishing

Book cover and layout by Sirenas Creative

Este libro está dedicado a todas las mujeres cuyas vidas fueron arrebatadas por los feminicidios y la violencia de género en Ciudad Juárez.

This book is dedicated to the women's lives taken away by femicides and gender violence in Ciudad Juarez.

Contenido - Table of Contents

Foreword

Upon meeting her, I instantly knew Alejandra was a special woman. We first met at a writing workshop I was conducting for aspiring Dallas writers. Being a part of the local art community has always been important to me, and meeting her reminded me why I cherish it so much. Her charisma and personality shine through and through. Shortly after we met, I attended a community event where local poets were performing their spoken word. She was one of them. Not only is her writing powerful and moving, but her presence as she performs is also mesmerizing.

Alejandra's work is honestly raw as it is subtle and devoid of cliche. Her own personal journey in navigating a world that swears it values and respects women but does everything to prove the opposite is powerful. Women, especially those of us who have grown marginalized, can immediately connect with her work, and although they're not our personal experiences, they feel like they are. From her own personal demons to the femicide that has stolen so many of our sisters of color in our home town of Ciudad Juárez, as well as in the rest of the world, her words speak truth.

I cannot wait until the world reads her words and hears her voice, and finds hope for itself in the future. Because no matter what your background, your education level, religious creed, political affiliation, or sexual / gender identity is, these women's issues are universal. These are the words of an empowered woman. After reading Imperfecta, we can go home with love and inspiration in our hearts, knowing that we have each other and that we are all connected, and through her work, Alejandra gives us the voice we didn't know we needed.

¡Qué viva la mujer!

Maribel Rubio
Author of Sangre Matriarca: The Story of Women who Persisted

January 2021, Dallas, TX.

Prólogo

Para todas las mujeres que sufren de ansiedad, depresión u otros trastornos de salud mental . Está bien no estar bien.

Muchas veces soñé con el momento en el que escribiría mi primer libro y al fin aquí estoy.

¿Qué te quiero compartir?

Que este libro está inspirado en toda una vida de sentir de más, en infinitos momentos sin encajar, en una vida dudando más de lo que debía. Mi propósito no es cambiar lo que piensas. Mi propósito literario es despertar ese cosquilleo interno que no te deja dormir sin poder hacer una pregunta más. Despertar esa luz interior que no se conforma con lo que los demás consideran valioso, si no qué busca y se embarca en un viaje introspectivo para reconectar con lo que siempre había estado ahí.

Este libro es un viaje de poesía del ser. Al escribir de manera bilingüe, mi intención es compartirles texto que nace en el idioma y que no se traduce. Algunas piezas están traducidas y otras son completamente diferentes.

Los textos que leerás aquí fueron pensados y escritos en ese idioma porque quiero compartirles un poco de mi alma y la influencia que el lenguaje ejerce en mí.

Preface

For women who battle anxiety, depression, or other mental health issues.
It is ok not to be ok.

Ever since I was a young girl, I dreamed of the moment when I would write the introduction to my first book - and finally, here I am.

This book is inspired by a lifetime of feeling more, in infinite moments without fitting in, in a life doubting more than it should have. My purpose is not to change what you think. My literary purpose is to awaken that internal tingling that keeps you from sleeping without being able to ask one more question. An awakening of that inner light that does not conform to what others consider valuable but seeks and embarks on an introspective journey to reconnect with what had always been there.

This book is a journey of poetry, the poetry of words, and poetry of being. By writing a bilingual collection, I intend to share text born in the language and is not translated.

The text that you will read here was written in that language because I want to share a glimpse of my soul with you and the influence that language has on me.

MEXICANA

Nací en Juárez, Chihuahua, una ciudad fronteriza, o cómo diría Juan Gabriel "la frontera más fabulosa y bella en el mundo." Viví en México durante mis primeros veintiún años de vida, fue el lugar en el que recibí mi educación y formé amistades para toda la vida. Lamentablemente también fue un lugar en el que viví con miedo viendo a mujeres ser asesinadas todos los días. Con el tiempo he aprendido que siempre hay otro lado de la moneda y que ningún país es perfecto, aunque mi imaginación lo quiera percibir así.

————————

I was born in Juarez, Chihuahua, a city on the border with Texas. During my first 21 years of life, I lived in Mexico, where I received an education and built lifelong friendships. Unfortunately, it was also the place where I lived in fear as I saw women being murdered daily. As time passes, I have learned that there's always another side to things, and no country is perfect, even though my imagination wants to perceive it in that way.

Metzico

Mi país es colorido,

coloridas son sus calles

y coloridos son los corazones

de la gente que las recorren

My country is colorful

vibrant streets

and vibrant hearts

of those who walk on them.

Niñez mexicana

¿Cuál es tu primer recuerdo?

¿Recuerdas la alegría o la tristeza?
Pareciera que no fue hace tanto tiempo
qué añoramos crecer.

¿Cuál fue tu primera decepción?
Tal vez la frustración de perder el control y
ser tan solo una pieza en el ajedrez.

Conocimos la muerte antes de lo esperado.

¿Cuál fue tu primer sueño?
Idealizamos un futuro creado por
telenovelas y cuentos escritos
por aquellos que no nos ven.

¿Creías que sería posible?
Crecimos leyendo y aprendiendo historias
de personas diferentes a nosotras.

¿Cuáles fueron tus expectativas?
Títulos, reconocimientos, formar una familia.
Cocinar y servir como mujer,
no hablar de más.

No quiero repetir esa versión
de la niñez mexicana.

Mexican childhood

What's your favorite memory?
A childhood in Mexico is often portrayed as
papel picado **and** *piñatas.*
but that wasn't it.

Our memories were permeated
by injustice and fear.
We learned the word murder
before we learned how to multiply.

What's your favorite memory?
Annual parties celebrating
El Dia del Niño,
colorful balloons to hide injustice.

Our memories as girls
in a femicide town
were defined by impotence
and unasked resilience.

I don't want to be resilient.
I want to survive.

I want to live

I want to thrive

Soy morena

Te hablo a ti, sí a ti.
A esa mujer morena
que duda de sí misma
más de lo que piensan.

A esa mujer morena
que creció viendo
estereotipos de belleza
inalcanzables.

A esa mujer
que se adapta
para encajar.

A esa mujer morena
que es considerada
exótica por su lenguaje
o manera de existir.

A esa mujer
que nunca imaginó
existir en las portadas
de revista.

A esa mujer morena
que aguantó insultos
por no molestar
o incomodar.

Te hablo a ti, sí a ti.
A esa mujer morena
que ha cambiado.

A esa mujer morena
que hoy dice no más
porque reconoce
su valor.

A esa mujer
que irradia luz
al amar su color.

Colorism

I see color.

I see it when people are surprised
by the way, I speak their language.

I see it when kids who look like me
are underestimated.

I see it when my mother is afraid
to speak English because of others.

I feel color.

I feel it when my own family calls me *morena*
 in a despective tone.

I feel it when others call me exotic
and sexualize my race.

I feel it when someone tells me to stop
speaking my mother tongue.

I experience color.

I experience color when I see
someone who looks like me
for the first time in a magazine.

I experience color when I read
articles that were translated
but not written for us.

I experience it when someone tells me
 they "don't see color."

3 de agosto

*el día en el que mis abuelas trascendieron

La niñez a su lado,
aunque fue feliz, no fue suficiente.
Las pienso, ahora más que nunca.
sus caras y voces desvanecen.

Fue como si nos hubiéramos perdido,
llenas de llantos sin cabida en el tiempo.
Recuerdos de manos, encuentros, lamentos
y, ante todo, Esperanza.

Bugambilias de dolor,
creencias y herencia.
Penas de injusticias y amores forzados,
disfrazadas de pláticas sin razón.

Las siento, no me dejen ir.
Abrácenme de recuerdos sin fin.

La juventud a su lado,
aunque fue solitaria, no fue triste.

Te fuiste, pero el matriarcado vive
a través de mí.
Te fuiste, pero vives
en las pausas y la sábila.

Matriarcas, abuelas.
No las olvidaré. Las sentiré.

Las sentiré en las recetas,
en los olores, en las plantas
y los dichos populares que repito
hasta el día de hoy.

La vida a su lado,
aunque es irreal,
no es tan imposible del todo.

A letter to my *abuelas*

Queridas,

I wish I had spent more time listening rather than speaking. We spent many weekends and summers together, and I wish I would have paid more attention.

You taught me to speak up and to be an independent woman.

You taught me how to appreciate food and our mother nature.

I heard the "happy tales" of an arranged marriage and a life dominated by patriarchy. Your smile disappeared as you told me about the love that was lost and what your family thought was best for you.

I think if you had a choice, you would go back and say no.

You were proud of being a woman, of leading, speaking, and rebelling.

I wish I had known more about you.

Alejandra.

Esperanza

Un poema a la matriarca

Qué injusta es la vida
que poco a poco
me hace olvidarte.

Te he escrito poema
tras poema
para honrar
tu recuerdo

pero a veces siento
qué no es suficiente

Qué injusta es la vida
que me enseña
a apreciar a aquellos
qué ya no están a mi lado.

Te sueño pero
si cierro los ojos
ya no recuerdo
tu apariencia.

a veces siento
que no me has
abandonado.

la frontera

(perspectiva de una fronteriza millenial)

vivir en la ciudad de los feminicidios
es menos glamuroso de lo que parece

sobrevivir era señal de fortaleza

nos forzaron a crecer resilientes
pero no nos prepararon para sentir

los traumas causados por la violencia
se volvieron temas de conversación

una llamada, otro amigo asesinado

el número de asesinatos
se convirtió en nuestra versión
de un buenos días

muchos de nosotros crecimos
idolatrando la cultura estadounidense
sin comprender qué siempre
hay otro lado de la moneda.

contamos nuestros traumas
pretendiendo ser fuertes
pero no aprendimos a sanar

mi perspectiva ha cambiado

no aplaudas mi resiliencia,
ayudame a encontrar justicia

justicia por las vidas perdidas.

Alejandra Ramos Gómez

the border

(perspective of a millennial *fronteriza*)

living in the femicide city
is less glamorous than it sounds.

surviving was a sign of strength

they forced us to grow up being resilient
but they didn't prepare us to feel.

the traumas caused by violence
became part of the conversation

a phone call,
another friend was murdered

the number of murders
became our version
of a good morning

many of us grew up
idealizing the American culture
without understanding
that there is always another side

we shared our stories
pretending to be strong
but we didn't learn how to heal

my perspective has changed

do not applaud my resilience,
help me find justice

justice for the lost lives

Imperfecta

MUJER

Ser mujer es complicado pero bello a la vez. Vivimos
injusticias y comentarios misóginos que se vuelven
lo normal. La sociedad nos enseña a competir entre
nosotras y vernos cómo enemigas. Pero no es así. Un
grupo de amigas te endulza la vida. Compartir entre
mujeres y conectar a través de
nuestras vivencias.

Mujer de fortaleza,
mujer de poesía,
mujer de conciencia.

-- -- -- -- -- -- -- -- -- -- --

Being a woman is complicated and beautiful at the
same time. We lived injustices and daily misogynistic
comments that became the norm. Society taught
us to compete with each other and see each other
as enemies. But it is not true. A group of girlfriends
makes everything sweeter. Sharing among women and
connecting through our experiences.

Woman of strength,
woman of poetry,
woman of conscience.

la niña que sentía de más

era aquella que no dejaba
de pensar ni sentir

que lloraba en secreto
por pensar que solo ella
se sentía así

siempre pensando
en lo que sigue
y temerosa del presente

era aquella que no dejaba
de dudar y comparar

que se comparaba
con otros sin entender
que vamos a un ritmo diferente

siempre dudando
de lo que podía hacer
o cómo la veían los demás.

Alejandra Ramos Gómez

the girl who always felt too much

Ten years old,
listening to love songs
and writing down
her insecurities.

she always felt
too much.

Ten years old,
overthinking
and questioning
every action around her.

she always felt
too much.

Ten years old,
living with fear
of being murdered,
and seeing others not care.

she was a girl,
believing in change,
finding a way
to do it herself.

Una carta a mí misma
(a los 15 años)

Nash,

Se que todo parece muy abrumador a tu edad
pero solo el tiempo sana.

Intentas ser perfecta, pero eso no será posible
y está bien.

Está bien cometer errores,
sentir demasiado,
vestirte diferente,
ser expresiva,
ser tú.

Tendrás miedo pero no pierdas la curiosidad,
hazlo, intentalo.

Poco a poco comprenderás que eres más que
tus logros,
calificaciones y reconocimientos.

Aprender a decir que **no** es aún más
importante que aprender a decir que **sí**

Escucha a tu cuerpo.

Aprende a quererte.

A letter to my 15-year old self

Nash,

I know everything feels like too much right now. You have stopped eating to have at least one thing under control.

You are trying to be perfect, but that's not what you truly want.

Somehow overthinking has become part of who you are. You frequently ask yourself if people notice that you are losing your mind.

You are more than your grades and achievements.

It sounds simple, but when you are obsessive, it is not.

You create non-existent competitions in your head, and you have to alter the way you speak to yourself.

I'm not asking you to change because your curiosity and passion will help you along the way.

But, remember that learning to say **no** is as essential as learning to say **yes**.

Nadxieelii

Dure la mayor parte de mi vida
avergonzandome de mi nombre

Acortando su significado
para encajar en espacios
qué no aceptaban mi piel
y apariencia.

Mi nombre indígena
significa te amo

Sin embargo,
dure toda una vida
sin amarme a mí misma.

Disfrazando mi inseguridad
de ropa de marca
y viajes constantes.

Disfrazando mis miedos
de amores fallidos
y amistades superficiales

Nadxieelii significa te amo

Hoy me amo tal y cómo soy

morena

sencilla

emocional

explosiva

Alejandra Ramos Gómez

Somos lo que decidimos ser

Mujer, mujer, mujer

Muchas veces temes ser,
temes ser demasiado para algunos,
Temes ser muy poco para otros.

Envuelta en las expectativas que te rodean,
debates entre quien eres y quien esperan otros que seas.
Ropa de menos elimina tu valor,
inteligencia de más intimida a tu alrededor.

Soy una mujer aventurera.
Soy mujer independiente.

La independencia no es material,
no es visible, se vive día con día.

Soy mujer llorona.
Soy mujer sensible.

Las lágrimas me enseñaron a sentir,
los sentimientos me dieron fuerzas para seguir.

Soy mujer fuerte.
Soy mujer resiliente.

Mi capacidad o determinación no está en cuestión,
mi camino lo decido solamente yo.

woman in fifteen words

woman, beat
    melody
        escape

woman, seed
    tree
        breath

woman, fear
    growth
        cadence

woman, movement
    space
        tranquility

woman, root
    force
        rhizome

Llámame lo que quieras

Llámame feminista.

Otra vida arrebatada
por la violencia.
Crecí rodeada del miedo
y la impotencia del silencio.

Vanessa, nunca olvidaremos
tu nombre.
Una mujer más,
otra que se nos va de las manos.

Quiero gritar, quiero sentir,
pero ¿de qué me sirve?

¿De qué me sirve gritar
si el sistema sigue siendo igual?

Me rehúso a quedarme callada
una cruz, una mujer más.

Feminicidio.
La palabra fue
perdiendo su valor.

Llámame feminista,
llámame lo que quieras.

El silencio fue mi compañero
por mucho tiempo.

Los abusos eran algo
común y corriente,
pero un día ya no pude más.

Muerte tras muerte,
algo fue despertando.

La esperanza se convirtió
en algo banal.

Llámame feminista,
llámame lo que quieras.
Pero por favor,
no me mates.

Cada día asesinan a 10 mujeres
en México.

Cada día nos confirman
que el patriarcado controla
nuestro rumbo.

Cada día nos llaman
exageradas y se burlan
de nuestro deseo de vivir.

Solo una de cada diez mujeres
denuncia el abuso.

No porque no queramos,
si no porque sabemos
que si lo hacemos
todo permanecerá igual.

Quiero gritar, quiero sentir.

Quiero gritar por otra vida arrebatada
y por lo que puede suceder.

Llámame feminista,
llámame lo que quieras.
Pero por favor,
escuchame.

Alejandra Ramos Gómez

Adelita

Call me a feminist,
> Listen to me

Call me a rebel,
> Create with me

See me as a moon,
> Glow with me

See me as a game-changer,
> Believe in me

Call me a *revolucionaria*

See me as a feminist,
> A woman who does not back down

See me as a rebel,
> A woman who is not afraid to speak up

Call me a moon
> Someone who defies fears and illumines paths

Call me a game-changer
> Someone who lives outside of the box

See me as an *Adelita*

Sin resolver

Mi corazón vive con miedo,
miedo de perder a
aquella persona
que siempre escucha.

Esta es mi realidad.

Viviendo con una ansiedad
que me paraliza,
mientras ella está en el lugar
que me llenó de miedo.

Una llamada sin contestar

Recuerdos de violencia,
Robos y asaltos
Sin resolver.

Miedo, respiro miedo.

Miedo de perderla
en manos de aquellos
que solo desean
sobrevivir.

Un feminicidio más,
aparece otra cruz pintada de rosa.

Esa es la realidad
en la frontera.

Recuerdo ser una niña
que entendía más
de lo que quería.

Entendía lo que pasaba
pero no comprendía
lo que sentía.

Poco a poco, la violencia
fue enterrando nuestros sueños
y cubriéndose con miedo.

Alejandra Ramos Gómez

A call to action

Politically correct agreements are not enough.

Photos shared on social media are not enough.

Caring is not enough.

Pretending to understand is not enough.

Being resilient is not enough.

We need action.

Acts of justice and peace

Art that defies the societal norms

Acts of revolution

nonlinear growth

We need freedom.

Freedom in our daily lives

free of microaggressions

free of assimilation

free of insecurities

We are enough.

Piel canela

y es qué eres tan dulce
cómo la canela

fuerte como roble

brillante cómo estrella

y es que a veces dudas
de tu piel morena

dudas de tu valor

dudas de tu esplendor

y es que a veces
simplemente eres

eres color canela

Alejandra Ramos Gómez

Our skin

Every woman of color
has a moment
when she notices the world
is a different place for her.

we are perceived
in a way
that at times
we don't understand.

exotic, stereotypical,
we are sexualized
for our melanin.

loud, outspoken,
we are misunderstood

mujer de color

Alma Chavira Farel, 13 years old
Murdered in 1992

Daisy Jazmin Garcia Hernandez, 15 years old
Murdered in 2017

Guadalupe Brenda Vizcarra, 26 years old
Murdered in 2019

Susy Salais, 25 years old
Murdered in 2020

These are the names of four women murdered in the state of Chihuahua, Mexico. There have been close to two thousand women murdered in the past 25 years in my hometown.

Vanessa Guillen, 20 years old
Murdered in 2020

I left my country to run away from violence, but our nightmare does not end at the border.

Mujeres olvidadas

2:00 am, and in between dreams, I hear my mother calling my sister in despair.

A knot in my stomach invades me with doubt whether my sister is safe or not. Whether my sister is alive or not.

That was my reality for a long time. I grew up thinking that as a woman, being murdered was a possibility and that it was my duty to avoid it.

Missing young women, destroyed families
Jóvenes desaparecidas, familias destruidas.

¿Cómo nos atrevemos a culparlas?
How did we dare to blame them?

Men and women giving excuses for emotional and
sexual abuse, what have we become?

Blaming women for calling attention to what they wear,
as if we could control your mind.
We are in a desert of sexual education, we lack clarity.

Otra mañana, otra mujer asesinada,
Another morning, another murdered woman

Recuerdos de infancia de violencia e impunidad,
recuerdos de miedo y frustración

Childhood memories of violence and impunity,
memories of fear and frustration

Every morning I woke up to the news of a femicide.
Standard features: Brown skin, short height, dark hair... it
could have been me.

One more pink cross. It became the new normal for us.

My value as a woman was reduced to the fear of
being murdered ... I felt that I had to leave. And now I
am caught between wanting to be with my family or
surviving, because in our reality, women who speak up
are considered a threat. Women are supposed to listen.

Vanessa Guillen, nunca olvidaremos tu nombre.
Una mujer más, otra que se nos va de las manos.

We will never forget your name.

Times have changed, but minds remain the same. It is
more complicated than I thought.

What have we become? Giving excuses for people
committing abuse and justifying degrading actions by
men who are supposed to be leaders.

Solo una de cada diez mujeres denuncia el abuso. No porque no queramos, sino porque sabemos que nadie nos escuchará.

Only one in ten women report the abuse. Not because we don't want to, but because we know if we do, most of the time, no one will truly listen.

Intersectionality is our enemy.

Temen hablar de sexo seguro y menstruación, pero no temen tocarnos.
They fear to talk about safe sex and menstruation, but they are not afraid to touch us.

¿Y cómo se acaba esto?
And how does this end?

I'm still searching for the solution. Today my weapons are my mind and my voice.

My most powerful weapon has become to turn the word me into us, my voice into our voice.

Alma, Daisy Jazmin, Guadalupe, Susy, Vanessa Guillen.

Our voice.

¿Cómo ser feminista?
(anti-instrucciones)

1. No dejes que nadie te diga cómo serlo.
2. No tiene que ser público, puedes luchar en silencio.
3. Encuentra algo que amas hacer y no permitas que los desafíos te desalienten.
4. Cuidate, es un acto de resistencia.

How to be a feminist?

1. Don't let anyone tell you how to be one.
2. It doesn't have to be public, you can fight in silence.
3. Find something you love to do and don't let challenges discourage you.
4. Take care of yourself, it is an act of resistance.

Alejandra Ramos Gómez

Soy mujer de luz

Soy mujer de cambio

Soy mujer de revolución

INMIGRANTE

La primera vez que dejé mi país fue a los 16 años, llegué al sur de Francia y la asimilación fue casi inmediata. Tal vez era porque era muy joven, todo era una novedad y viví el intercambio cómo si la vida se me acabara. A los 19 años me mudé a Canadá a terminar la universidad. Esta transición fue aún más sencilla, era estudiante universitaria y rara vez pensaba en las consecuencias de mis actos. La tercera vez que emigre fue a Estados Unidos, un lugar cercano pero más complejo de lo que esperaba. Ser inmigrante y adulta en este país me ha enseñado a cuestionar lo que pasa a mi alrededor y los principios establecidos por una sociedad que no está centrada en nuestro bienestar. Una sociedad centrada en el individualismo y una eterna búsqueda de validación externa. .

The first time I left my country was at the age of 16, I arrived in the south of France and the assimilation was almost immediate. Maybe it was because I was very young, everything was a novelty and I lived the exchange as if my life came to an end. At 19 I moved to Canada to finish college. This transition was even more manageable, I was a college student and rarely thought about my actions and consequences. The third time I emigrated, I went to the United States, a closer place but more complex than I expected. Being an immigrant and an adult in this country has taught me to question what is happening around me and the principles established by a society that is not focused on our well-being. A society focused on individualism and an eternal search for external validation. .

Un nuevo país

16 años viviendo en el sur de Francia
creyendo que lo sabía todo.
Y es que no hay nada más bonito
qué experimentar otro país

Probar comida desconocida,
visitar nuevos lugares,
conectar con personas
qué son diferentes a ti.

16 años y por primera vez
supe reconocer un ataque
de pánico.

Recuerdo perder el control,
sentirme mareada
y escuchar el palpitar
de mi corazón.

Una niña sin problemas,
decían.

16 años viviendo
sin apuros,
escribiendo poesía
en trenes y camiones

Conociendo al amigo
de mi vida,
tu sabes quien eres.

Mis recuerdos
no son buenos
ni malos.

Simplemente
son recuerdos.

Newcomer

16-year old girl
living in France
thinking that I knew it all

Opening my eyes
and mind to culture
and nuances that
I had only imagined

16-year old girl
experiencing
a panic attack
for the first time.

I remember
the numbness
and fear.

Everyone believed
I didn't have problems.

Meeting the friend
of my life,
you know who you are

My memories
are not good
or bad

Nothing more
than memories.

Inmigrantes

Nos quieren lejos
y al mismo tiempo
trabajando para ellos.

Nos idealizan en los
medios de comunicación
pero nos ignoran en el día a día.

Llegamos con una
idea errónea
de la beatitud

Creímos que el dinero
y la seguridad
nos harían felices

Pero con eso viene
la tristeza de
extrañar y cambiar.

Nostalgia y asimilación

Quieren que nos adaptemos
pero buscan ser igual
a nosotros.

Les gusta nuestra cultura
para presumir
pero no para entender
lo que es sobrevivir.

sobrevivir lejos
de tus raíces.

Alejandra Ramos Gómez

Immigrants

They keep us away

    we keep working for them

They want to be us

    we keep entertaining them

They pretend to solidarize

    we keep smiling at them

As if your sudden "wokeness"

could heal the trauma we face.

As if your invitation to diversify

could compensate for all the time

we have been underrepresented.

They hire us to check a box

    we help them stay comfortable

They pretend to speak our language

    we smile to reaffirm their efforts

They ask us to change the way we speak

    we adapt because we understand

    how it feels to live in fear.

    Not anymore.

Dallas sueña

Somos una comunidad

I arrived in Dallas to become a teacher,
but the teacher became the student.

Where languages were considered obstacles,
our mother tongues have become a powerful tool.
Somos una comunidad de colores e ilusión.

Bilingual, biliterate, and bicultural.
Our heritage feeds our souls.

Dallas dreams *oportunidad y conexión*
Underserved populations searching for representation.
Poems written by fourth-graders who feel more than
we could ever think,
poems expressing a search for identity and dreams.

Identidad, representación y lucha.
We may speak different languages, but dreams do not
require translation.
10-year-old students writing stories about equity and
being unique,
stories made up of voices that were never heard before.

I grew up on the border,
like many of my students, I belong here and there.
Our stories are unique in our own truth,
words have become extensions of our souls.

Teachers, students, newcomers
Speaking a language during the school day,
coming back home to speak our mother tongue, a
language of love.

Somos una comunidad
Bilingual, biliterate, and bicultural.
Our heritage feeds our souls.
Dallas dreams, Dallas sueña.

Bs. As.
(a glimpse of Argentina)

Gray skies
with a sense
of tango

Tango moments
lived in solitude
and fearless youth

Fear
disappearing
in street art
and red cups

Open minds
defying thoughts
and patriarchal
patterns

Patterns of
freedom and
connections

Train rides
that ooze
independence

Hostel memories
and international
love encounters

Finding spaces
where nationalities
fade away.

Asimilación

¿Es verdad el sueño americano?

>Es una mentira. Del tamaño de la opresión.

¿Es difícil vivir lejos?

>Es solitario. Solitario como el desierto.

¿Es alentador el futuro?

>Es impredecible. Lleno de injusticia.

¿Es real el cambio?

>Es inevitable. Pregúntaselo al inmigrante.

Alejandra Ramos Gómez

Assimilation

My own mind
became an enemy

Fighting against assimilation
to maintain an ethnic identity
that could justify my sadness
and irrationality

I am not Chicana
           I am not American

I am an immigrant
who refused to change

Fighting against assimilation
to maintain a space to call
home and justify the fear
to plant seeds here

I am more than one identity

I am Mexican,
           I am a naturalized US citizen

I am an immigrant
who learned to adapt

Transitioning and learning
to see life through
multilingual lenses.

El sueño americano
(una adivinanza)

¿Quién te atrae
y al mismo tiempo te da miedo?

¿Quién parece tan cercano
y al mismo tiempo tan lejano?

¿Quién separa a algunos
de sus familias y recibe a
otros con brazos abiertos?

Pista: Muchos lo buscan
pero pocos lo encuentran

The American dream
(a riddle)

What is something that
many people dream about
but only a few can achieve?

A feeling of simultaneous
safety and fear

What is something that
forces people
to cross borders and
identities?

Hint: It is a disguise
of a perfect life.

¿Dónde quedó esa libertad?

Esa libertad que día a día sigue siendo tomada.

Estoy cansada de la preocupación, estoy cansada de la decepción. Día a día despierto con temor del cambio constante, hoy voy a contarte.

Te voy a contar que lo que crees que es importante es simple tontería. Un líder intimidando a los demás, esperando que te traten con superioridad. Pues hoy te cuento que, aunque me quites el dinero y me quites mis derechos, mi voz no te llevaras. Podrás querer intimidarme, pero tus acciones solo me fortalecen más.

Bendita libertad, hoy yo voy en busca de libertad. La libertad la encuentro en mi arte, la encuentro en mi cultura y en mis valores.

Pobre iluso. Escucho las palabras de mi madre en mi mente diciéndome que no diga malas palabras, que sea respetuosa. El problema aquí es que él no respetó. No cederé a tu intimidación, mi cultura y educación me enseñó a perseverar sin tener que pisar a todos a mi alrededor.

Tus acciones esparcirán ignorancia y desesperanza, pero desgraciadamente para ti también esparcirá lucha y esperanza. Todos los días siento el deseo de huir e ignorar, pero al mirar a los ojos de mis estudiantes me doy cuenta de que se requiere valor para seguir. Mis ideales son primero. Mi cultura, mi raza, mis valores no se olvidan.

Tus reformas controlan mi ambiente, pero no controlan mi mente.

Tus cambios no borran mis experiencias, no me despojan de mi arte. Aunque sea en la calle seguiré hablando, seguiré bailando, seguiré creando.

¿Pero adivina qué?

También seguiré inspirándome. Hoy tengo mis fundamentos y bases, ahora me toca a mí fortalecer las bases de la generación que viene. Las decisiones hechas por adultos repercuten en el futuro de nuestros pequeños.

He comprendido que esta tierra es diferente, es la tierra del gran sueño americano. ¿De qué me sirve ese sueño si me quita la tranquilidad?

Cruzamos la frontera en busca de algo mejor pero la situación social nos oprime de otra manera.

No descansaremos, con nuestro arte y pasión te enseñaremos. Te enseñaremos que tu dinero viene y va. Tu poder viene y va. Tus decisiones vienen y van. Mis ideales se quedan.

Hoy ya no te pido libertad, hoy yo creo mi propia libertad.

Close your eyes.

Imagine you are an immigrant
and you just left home.

What would you feel?

What would be important to you?

Imperfecta

Este espacio se lo dedico a todas mis imperfecciones, a la depresión, la ansiedad y todo lo que forma parte de mi. He durado toda una vida intentando cambiar quien soy y siempre deseando ser más. Ya no más.

Soy perfectamente imperfecta

———————

This space is dedicated to all my imperfections, depression, anxiety, and everything that's a part of me. I lived my whole life trying to change who I am and trying to be better. No more.

I am perfectly imperfect

Latina realidad

Soy Latina
I hold my mother's hand as a sign of strength and
support,
and she cried as she finally understood.

Years and years of ups and downs, sadness, ambitions,
obsessions, and internal conversations that would
never finalize.

I spent too many years trying to convince the inner
Nadxielii
that we would make it, that the suicidal thoughts
would fade away.

Rodeada de un mundo de personas,
me sentí más sola que nunca.

Being on the edge became the norm, became the
regular me.
Therapy, poetry, dance, art,
I did as much as I could just to keep myself alive.

One day, it was simply not enough.
I imagined a life alone,
Apart from the ones I love.
I felt toxic, misunderstood, obsessive.
Mi alma estaba fuera de control.

Pachamama, ven a salvarme.
Mother earth is with me everywhere I go.

The plane ride felt eternal because it was my last
resource,
Upon my arrival, my family consoled my soul.

Soy mexicana y mi familia no quería ver la realidad.
I begged for help, my tears screamed desperation.

Eso se te va a pasar, ponte a pensar en algo más.
But mother, that is the real problem.
My mind is eternally busy, how do I make it stop?

Days and days passed,
Blood tests, doctors, more tests.

I was tested physically to uncover issues emotionally,
back in the US and I still felt the same.

One call changed my life,
the problem is real, and it is in my brain.

A diagnosis and explanations that healed a lifetime
of suffering and isolation.
My breath will never be the same.

Mi aliento fluye,

My breath flows
My breath lives,
My breath changes,

Mi aliento es cambiante.

I hold my mother's hand to heal my sadness,
and thank her for leaving cultural prejudice behind.

Soy latina y finalmente feliz.

Anxiety

stomach pains
unanswered emails
late text replies

repeat

procrastination is
no longer a friend

hours of overthinking
virtual therapy sessions
endless internal conversations

repeat

anxiety takes
over my days

explanations without requests
unexpected fears
internal disappointment

repeat

it never ends

Alejandra Ramos Gómez

Receta para la felicidad (en cuarentena)

Vas a necesitar:
1. Esperanza
2. Paciencia
3. Libros

Primero, vas a necesitar esperanza.
Di la palabra con todas tus fuerzas,
mézclala con claridad y realidad
para no vivir en total inconsciencia.

Después, agrega paciencia.
Una, dos, mil cucharadas,
paciencia para que tome forma
y no pierda consistencia.

Finalmente, escoge esos libros
que siempre habías querido leer.
Léelos en silencio y en voz alta,
léelos para viajar desde casa.

Paso opcional: Mezcla todos los ingredientes
sin seguir las instrucciones.

A recipe for happiness (during a pandemic)

You will need:
1. imagination
2. patience
3. books
4. a cat

First, breathe in and out to clear your mind.
Let your imagination wander,
Imagine things that you have seen or touched,
imagine things that others believed to be impossible.

Second, write the word patience three times.
One time to practice your spelling,
a second time to understand it,
and a third time to make it real.

Next, pick your favorite books.
Read unknown words,
read them to your family,
read them in a special place at home.

Lastly, act like a cat.
Be calm when uncertainty appears,
be curious when looking around you,
be content when you are at home.

Crisis nerviosa

He sentido miedo
y desesperación
por tantos años
que no lo supe distinguir.

Pandemia,
adaptarse a la nueva normalidad
fue demasiado para mi.

Listas interminables,
eventos para ocultar
el miedo a la
incertidumbre.

Poco a poco
intenté regresar
a la normalidad.

Pero no me pude engañar,
esto no es normal
y exigirle a mi cuerpo
ya no era una opción.

La depresión tomó
el control de mi vida.
Me sentí tan mal
qué no pude continuar.

Por primera vez
paralizó mi mente y
mi alma.

No podía pensar,
no podía sentir.

La diferencia es que
esta vez no lo quería
intentar.

Después de la crisis
ya nada ha sido igual.

The meltdown

It clashed into my life
and left no doubt
of its existence.

I wondered if I could ever
know how a mental breakdown
felt like. I guess there's
always a first time.

Depression is familiar
but a meltdown ambushes
you without empathy.

It erased every hope
to feel and comprehend.

It erased my resilience
and turned it into anger.

No mind to think

No mind to feel

No mind to keep going

Life has not been the same
ever since.

It forced me to stop,
breathe, and change.

A meltdown tied me
down to bed and made
me question every goal
and dream.

Ir forced me to stop,
reflect, and change.

Alejandra Ramos Gómez

No estoy sola

no soy la única
que se siente así

no soy la única
que llora en la regadera
y sueña con un mundo
sin barreras

no soy la única
que sufre
de depresión y tristeza

no soy la única
qué se muerde las uñas
y deja de comer

no soy la única
que quiere compartir
lo que siente

no estoy sola

I am not alone

I am not the only one
who feels empty

I am not the only one
who cries in the shower
and dreams of a world
without barriers

I am not the only one
who suffers
of depression and sadness

I am not the only one
who bites her nails
and stops eating

I am not the only one
who wants to share
how she experiences life

I am not alone

Una carta a la depresión

Estimada compañera de todos los días,

No te escribo para reprocharte nada porque las dos sabemos que nos conviene estar unidas. Nos conocemos desde hace mucho tiempo y aunque hay tiempos en los que me caes bien, te debo confesar que te confundo con mi eterna archienemiga. Duré casi toda la vida escondiéndote, pero se volvió demasiado agotador.

No pude esconder nuestras costumbres de dormir, llorar y pensar de más. No le cuento a todos de nuestra amistad porque no nos entenderían, pero creo que es sano hacerlo. A veces hablo de nosotros tal sátira, creo que el reírme de eso me hace sentir más fuerte o por lo menos pretendo serlo.

Si vamos a vivir juntas, vamos a vivir bien.

¿Qué te parece si nos escuchamos un poquito más? De intercambio, te pido que poco a poco dejemos de pensar en más. Yo prometo verte más como amiga y ver lo bueno que hay en ti. Eres fuente de inspiración, de eso no hay duda.

Espero que hablemos pronto (la verdad que no) pero solo lo incluyo por mera formalidad.

Un abrazo,

tu amiga de toda la vida.

A letter to depression

Dear everyday companion,

I'm not writing to reproach you for anything because we both know that it is convenient for us to be united. We have known each other for a long time, and although there are times when I like you, I must confess that I confuse you with my eternal arch enemy. I spent most of my life hiding, but it became too exhausting.

I couldn't hide our habits of sleeping, crying, and overthinking. I don't tell everyone about our friendship because they wouldn't understand us, but I think it's healthy to do so. Sometimes, I talk about us in satire. I believe that laughing at that makes me feel stronger, or at least I pretend to be.

 If we are going to live together, we are going to live well.

How about we listen to each other a little more? In exchange, I ask that little by little, and we stop thinking about more. I promise to see you more as a friend and see the good that is in you. You are a source of inspiration; there is no doubt about that.

I hope we talk soon (not really), but I only include it as a mere formality.

A hug,

your lifelong friend.

oda al amor
(versión codependiente)

una oda a ese
amor que era muy bueno
para ser cierto

a ese amor que
me quito la inocencia

y me enseñó que
no todas las historias
tienen un final feliz.

nos enamoramos rápido,
así cómo otras relaciones,
 tragicas, volatiles.

me senti perdida,
locamente entregada
a alguien que no
me podía corresponder.

obsesión,
llamadas telefónicas,
imparables lágrimas
y fantasías mentales.

la droga llenaba
un vacío que mis
caricias no podían
encontrar.

la adicción era el
amor de su vida

no podía ser yo

ode to codependency

an ode to the love
that changed me,
left me breathless
and weak.

to the uncontrollable love,
the type that
exists under the stars
and bright lights

an ode to the love
that became
codependency

obsession,
a lost battle
of caring too much.

to the omnipresent,
the emotionless,
the memory of a love
that didn't last.

drugs filled a void
in his heart
and I could never
change that

he dozed off
and I took the fault

he dozed off
and I thought
I could heal him

addiction was
the love of his life

it couldn't be me

A esa amiga que no es bienvenida

Comienzan sútilmente
Tristeza, nervios, no querer comer
Y poco a poco
Te vas empoderando
De cada parte de lo que es

Pensar de más,
Hasta que no puedes hablar
Ni moverte.

Tu mente controla todo.

Terapias, ejercicio, intentando
Hacer todo bien.

Siempre todo bien

Pero qué tal si ahí empezó todo?
En esa autoexigencia irracional

Ser, ser, ser
Para probar
Qué tengo valor
En los ojos de otros

Y de la nada
He perdido
El control.

Cope

I'm coping
teaching,
smiling,
pretending

I'm coping,
ignoring,
confusing ego
with perfectionism.

I'm coping,
losing,
stopping panic attacks
with false hopes.

I'm coping,
lying,
speaking affirmations
without meaning.

I'm not coping.

I'm not.

Cuerpo

No eres egoísta,
escuchar a tu cuerpo
es un acto de amor.

No eres un fracaso,
abandonar espacios
es un acto de autocuidado.

No eres mala mujer,
sentir a tu cuerpo
es un acto de revolución.

Things I've heard about mental health

Get busy, you'll forget about it.

Everyone has problems.

This is a rich people issue.

Be positive, anyone can do it.

Think of others, your situation is not that bad.

Breathe, meditate, it's simple.

My response:

I will not forget about it because my body deserves to be heard.

We are all different, my problems do not diminish yours.

Mental health is universal. What is your definition of richness? A capitalistic approach?

I can do it if I address it.

I can't think of others if I don't take care of my health first.

It is not simple. But, it is not impossible.

Alejandra Ramos Gómez

Esencial
Un acróstico

Educación convertida en política,
Siguiendo expectativas de líderes sin empatía.
Escuchamos nuestro futuro, sin embargo
No tenemos derecho a opinar.
Cuando la mañana llega volvemos a sonreír, a
Imaginar momentos que nunca volverán a ser igual.
Algunos nos consideran esenciales, pero
Lamentablemente no somos tratados como tal.

Subestiman el valor de nuestras vidas.

You are a superhero!

I didn't sign up to be a superhero,
I signed up to be an educator.

I lead by example,
I don't want children to see me
not prioritizing my health.

I didn't sign up to be a superhero,
I signed up to be a professional.

I listen to my students,
I know a test doesn't do justice
to their knowledge.

I didn't sign up to be a superhero,
I signed up to inspire others.

I teach them to think,
to question what is established,
and create their own paths.

Confesiones de una mujer perfecta

La sociedad me exige ser así,
a asentir con la cabeza,
a siempre decir sí.

"Sonríe,
comparte,
sé positiva."

Vivo exhausta.

Comparto una vida perfecta
para pretender sanidad,
para mantener una fachada.

Todo esto es una mentira.

Me gusta no encajar,
ser lo que no debo ser.

Ocupar espacios que
no fueron creados para mi.

Crear espacios para nosotras.

No soy perfecta y llevo mucho
tiempo fingiendo serlo.

No soy perfecta y tampoco
quiero serlo.

Confessions of a perfect woman

Society forces me
to always say yes.

"Smile,
share,
Be positive."

I'm exhausted.

I share a perfect life
to claim healing,
to maintain a facade.

This is all a lie.

I like not fitting in,
be what I shouldn't be.

Occupy spaces that
were not created for me.

Create spaces for us.

I'm not perfect and
I've wasted too much time
 pretending to be.

I'm not perfect,
nor I want to be.

Soy luz y oscuridad

I am light and darkness

DIÁLOGOS

Estas conversaciones están inspiradas por la poeta mexicana, Rosario Castellanos, y sus "diálogos con los hombres más honrados". En esta ocasión quise darle una nueva perspectiva y compartir mis conversaciones con mujeres escritoras que han marcado mi trayectoria artística y espiritual. Las admiro por su perseverancia y valentía al expresarse de manera auténtica.

––––––––––––––––––––––––––––––––

These conversations are inspired by Mexican poet Rosario Castellanos and her "dialogues with the most honored men". In this space I gave it a twist by sharing my conversations with female writers who have influenced my artistic and spiritual path. I admire their perseverance and courage to express themselves in an authentic form.

"Piensa en la tejedora; en su paciencia
Para recomenzar
Una tarea siempre inacabada".
- Rosario Castellanos

¿Quién decide que una tarea está acabada?
¿Será que hemos durado toda una vida
terminando tareas que no requerían un final?

**"It is easy to romanticize poverty, to see poor people as inherently lacking agency and will. It is easy to strip them of human dignity,
to reduce them to objects of pity."**
- Chimamanda Ngozi Adichie

We have allowed ourselves to fall in a capitalistic mindset that limits our empathy and understanding. We have blamed people for their underrepresentation for too long. Chimamanda, I want to create poetry for everyone, not only for those who pretend to understand it by writing words that are too complicated or "sophisticated".

**"Me cuesta mucho comprender
la importancia que parece tener para ti
el reconocimiento de tu talento."**
- Remedios Varo

La verdad que a mí también me cuesta
comprenderlo, Remedios.
Muchas veces he intentado convencerme a mí misma
que no es importante, pero me gana la mente.
Te cuento que tengo una mente testaruda y berrinchuda.
Una mente que se entristece en un segundo
y encuentra felicidad a la vuelta del minuto.

"Every drop in the ocean counts."
- Yoko Ono

Yoko, your poetry was the first literature that inspired me to look outside of the box. Your words taught me that every opinion and perspective matters. Our souls exist in the ocean of humanity, and every drop counts. But, I also understand that not everyone gets a chance. I commit myself to creating spaces for others,

especially young women of color.

**"Mujer espacio soy.
Mujer de día soy.
Mujer de luz soy."**
- Maria Sabina

Tus palabras llegaron a mi vida a los 20 años
y desde entonces no me han dejado.
Eres simple pero poderosa.
Eres popular pero inalcanzable.
Eres mujer de luz, mujer atemporal.

"Sentimentality is a form of fatigue."
- Leonora Carrington

It feels impossible not to be sentimental. Maybe this is
why I am exhausted.
A year of tornados, pandemic, solitude, and depression.
Do you think they do this on purpose, Leonora? They try
to exhaust us through pain and offenses.
In these times, healing our fatigue is an act of resistance.
Rest. Descansa.

"No es que el poeta busque soledad, es que la encuentra."
- Rosario Castellanos

Después de 28 años y al fin me considero poeta. Y creo que ese fue mi error, todos somos poetas del ser pero pocos nos permitimos vivirlo.
En mi soledad y las palabras encontré un refugio de la tristeza, pero no le temo a estar sola. Le temo más a estar rodeada de personas y aun así sentirme sola. Temo sentir que necesito a otros para continuar. Pero le temo más a pensar que otras almas no pueden contribuir a mi felicidad.

"I am not free while any woman is un- free, even when her shackles are very different from my own."
- Audre Lorde

I am unfree until we create spaces for all women to be heard. I thought I had to speak for others and that it was my gift. But, it is not true. I can't speak for others because all voices matter. I am unfree until we create a path to accept their individual opinions in their language.

Te invito a tener una conversación sin tapujos con tu
escritora favorita.
Llena las siguientes líneas con su frase y tu respuesta:

_____

_____

_____

_____

_____

_____

_____

_____

I invite you to hold a conversation with a female writer without judgment or expectations. Fill the following lines with her quote and your response:

_____

_____

_____

_____

_____

_____

_____

_____

MEDITACIONES

Está ultima sección del libro se la dedico a mi compañera de todos los días, la meditación. Hace unos años encontré un espacio sagrado para mi, un espacio de introspección que me permitió conectar con la Pachamama. Las meditaciones que encontrarás aquí son diferentes a lo que se considera el mindfulness porque quiero inspirarte a ver más allá de lo que está prescrito en una guía cientifica y encontrar tu paz interior en la conexión con nuestra madre naturaleza y tu feminidad.

––––––––––––––––––––––––––

This last section of the book is dedicated to my unconditional partner, meditation. Several years ago, I found a sacred place, a space of introspection that allowed me to connect with Pachamama. The meditations you will read are different from your everyday mindfulness because I want to inspire you to look beyond what's written in a scientific guide and find your internal peace connected with our Mother Nature and your femininity.

Luna llena

Sal y respira profundo
Convierte en luna
Comparte ciclos,
cambios y femineidad.

Inhala aceptación
y exhala limitaciones.

No temas decir tus intenciones
en voz alta.

Observa la luna
durante treinta segundos.

Quince segundos para
agradecerle,
quince segundos para
admirar su belleza.

Eres tan bella como la luna.

Alejandra Ramos Gómez

Full moon

Open your calendar
and find the day of
the full moon.

Set a timer.

On that day, go outside
and become her.

Breathe its brightness,
embody her cycles
and femininity.

Look at it for at least
thirty seconds.

fifteen seconds to be thankful
fifteen seconds to appreciate her beauty.

You are as beautiful as the moon.

Al Sol

Si es un día triste,
Levántate y mira al sol.
Mira sin juzgar ni esperar
nada a cambio.

Inhala abriendo tus brazos,
exhala abrazando
tu cuerpo

Inhala y siente los rayos
en tus brazos,
en tu cara,
en tu singularidad.

Sal y siente al sol.

Regresa y escribe
o canta todo lo
que recibiste.

Alejandra Ramos Gómez

Sun

Step outside and feel the sun

Feel its warmth on your skin,
on your face, and your heart.

Breathe comfort, exhale indifference

Go back inside

Write or sing every feeling
you've perceived.

Don't think too much, just write.

Una meditación opcional

Antes de leer poesía:
Inhala profundamente por la nariz
y al soltar por la boca
imagina que tu respiración
tiene color.

Inhala y exhala color.

Una vez más.
Respira hasta que el color
se desvanezca.

Optional meditation

Before you start reading poetry:
Breathe in through your nose
and visualize a color
as you breathe out.

Inhale and exhale color.

One more time.
Breathe until color vanishes.

Meditación anti - envidia

Se honesta contigo misma

Convierte tu envidia en empatía

Convierte tus deficits en aportaciones

En este mundo, hay espacio para todxs.

Se honesta contigo misma

Escribe una lista de todo lo que te hace feliz

Escribe una lista de todo lo que hayas logrado

Reconoce las cosas pequeñas,

tu capacidad de respirar, sentir y amar.

Meditation against jealousy

Be honest with yourself

Turn your envy into empathy

Focus on what you have and not what
you are lacking

There's space for all of us

There's space for all of us

(Repeat this phrase until it gains meaning)

Write a list of everything that makes you happy

Write a list of everything you've achieved

Recognize the little things

your ability to breathe, feel, and love.

You are unique.

Miércoles

Despierta y convéncete que
es comienzo de semana.
¿Quién decidió cuando comienza
y acaba la semana?

De ahora en adelante,
lo decidimos nosotras.

Comienza el día siendo realista,
escuchando a tu cuerpo
y lo que realmente necesita.

Escribe una lista
basada en tu salud
y felicidad,
y no en lo que los demás
esperan de ti.

Alejandra Ramos Gómez

Sunday morning

Wake up late
Rest
Fight the patriarchy
Don't wait for next weekend
to keep fighting

Fighting does not equal
anger, create change
with love and actions

Rest
Fight the patriarchy

Support female artists,
writers, creators, entrepreneurs
Fill your world with authenticity
and spaces to learn.

Todas somos poetas.

Si no escribimos nuestras historias,

entonces, ¿quién lo hará?

––––––––––

We are all poets.

If we don't write our stories,

then who will?

Alejandra Ramos Gómez es una poeta, artista escénica y educadora bilingüe mexicana nacida y criada en Juárez, Chihuahua. Es la fundadora y directora creativa de "We Are Poderosas", una iniciativa bilingüe de empoderamiento y poesía para niñas.

Alejandra se desempeña como editora de Impactando Dallas, una columna en español de Dallas Doing Good, y es miembro de Public Voices de The OpEd Project. Como escritora, ha publicado su trabajo con Voces Writers, Chachalaca Review, NPR's Latino USA, Ms. Magazine, Better, Take the Lead y Visible Magazine.

Ramos Gómez creció en la frontera y emigró por primera vez cuando se mudó a Niza, Francia, a los 16 años. A su regreso a México, estudió al otro lado de la frontera y obtuvo una licenciatura en Ciencias Políticas y Lingüística de la Universidad de Texas en El Paso. Luego se mudó a Edmonton, Canadá, para asistir a la Universidad de Alberta.

Alejandra llegó a Dallas, Texas, en 2014 para comenzar su carrera de docente como parte de Teach for America. Más tarde trabajó en Buenos Aires, Argentina como líder de proyectos para una organización educativa sin fines de lucro. A su regreso a Texas, completó su Maestría en Educación Bilingüe de la Universidad Metodista del Sur y tuvo la oportunidad de dar una charla TEDx sobre la oratoria y la educación.

En 2019, fue nombrada ganadora del premio TFA Miller Family Alumni Leadership por su trabajo en el ámbito de la educación bilingüe. Actualmente es facilitadora para el programa de Educación para la Sostenibilidad en las Islas Galápagos, Ecuador. Como educadora, a Alejandra le gusta integrar el arte y la justicia social en sus enseñanzas.

Cuando no está enseñando o escribiendo, a Alejandra le encanta actuar en producciones teatrales, dirigir clases de Zumba o pasar tiempo con su mejor amiga felina, Maya. Ella cree en el poder de las palabras y la representación sociolingüística de las comunidades.

Instagram/Twitter: @aramosgomez

www.aramosgomez.com

Alejandra Ramos Gomez is a Mexican poet, performing artist, and bilingual educator born and raised in Juarez, Chihuahua. She is the founder and creative director of "We Are Poderosas," a bilingual self-empowerment and spoken word initiative for girls.

Alejandra serves as the editor of Impactando Dallas, a Spanish column from Dallas Doing Good, and is a 2020 Public Voices fellow of The OpEd Project. As a writer, she has published her work with Voces Writers, Chachalaca Review, NPR's Latino USA, Ms. Magazine, Better, Take the Lead, and Visible Magazine.

Ramos Gomez grew up on the border and emigrated for the first time when she moved to Nice, France, at 16 years old. Upon her return to Mexico, she studied on the other side of the border, completing a BA in Political Science and Linguistics from the University of Texas at El Paso. She next moved to Edmonton, Canada, to attend the University of Alberta as a research fellow.

Alejandra arrived in Dallas, Texas, in 2014 to start her teaching career as a Teach for America corps member. She later worked in Buenos Aires, Argentina as a project manager for an educational nonprofit. Upon her return to Texas, she completed her Master's in Bilingual Education from Southern Methodist University and had the opportunity to deliver a TEDx talk about spoken word and education.

In 2019, she was named the Miller Family Alumni Leadership award winner for her work in the bilingual education field. She is currently an instructional designer and facilitator for the Education for Sustainability program in the Galapagos Islands, Ecuador. As an educator, Alejandra likes to integrate art, mindfulness, and social justice in her daily teachings.

Whenever she is not teaching or writing, Alejandra loves to perform in theatre productions, lead Zumba classes, or spend time with her feline best friend, Maya. She believes in the power of words and communities' sociolinguistic representation.

Instagram/Twitter: @aramosgomez

www.aramosgomez.com